SV

Sonderdruck
edition suhrkamp

David Van Reybrouck

Die Welt und die Erde

Wie können wir sie bewahren?

Aus dem Niederländischen von Waltraud Hüsmert

Suhrkamp

Die niederländische Originalausgabe erschien unter
dem Titel *De wereld en de aarde. Hoe houden we het veilig?*
2025 bei De Bezige Bij (Amsterdam).

Erste Auflage 2025
edition suhrkamp
Sonderdruck
Deutsche Erstausgabe
© der deutschsprachigen Ausgabe Suhrkamp Verlag GmbH, Berlin, 2025
© David Van Reybrouck, 2025
Alle Rechte vorbehalten. Wir behalten uns auch eine Nutzung
des Werks für Text und Data Mining im Sinne
von § 44b UrhG vor.
Umschlaggestaltung nach einem Konzept von
Willy Fleckhaus: Rolf Staudt
Umschlagfoto: © Philippe Llanes
Satz: Satz-Offizin Hümmer GmbH, Waldbüttelbrunn
Druck: CPI books GmbH, Leck
Printed in Germany
ISBN 978-3-518-00132-5

Suhrkamp Verlag GmbH
Torstraße 44, 10119 Berlin
info@suhrkamp.de
www.suhrkamp.de

Inhalt

Der Globus 7
Ein Sommertag auf der Fasaneninsel 13
Wie Foie gras und Diplomatie die Welt eroberten . . 17
Gemeinsam für das Eigeninteresse: Diplomatie seit
    dem 19. Jahrhundert 21
In der Vergangenheit erreichte Ergebnisse bieten
    keine Garantie für die Zukunft 27
Raison de Terre 35
Von der Weltpolitik zur Erdpolitik 45
Das Geräusch eines Gletschers 53

Danksagung 57
Anmerkungen 59

Der Globus

Es fühlt sich seltsam an. Ich gehe durch die Räume meiner Kindheit – das beige Wohnzimmer, das kühle Arbeitszimmer, das moosgrüne Badezimmer, mein altes Schlafzimmer am Ende des Flurs –, alles ist noch da, alles hat noch einen Namen, nur gibt es jetzt gerade keine Sprache. Das Haus ist auf einmal so kalt und still. Meine Mutter liegt seit einigen Tagen im Krankenhaus, ich hole rasch ein paar Sachen für sie. Aus der Hauptstadt bin ich in die Landgemeinde gefahren, in der sie schon ein Leben lang wohnt, und trödle nun herum in der leblosen Leere des Hauses, das ich so gut kenne. Draußen vor dem großen Fenster: Reihen von Pappeln, Reihen von Kopfweiden, klumpige Erde, verrottetes Laub, Januar.

Hier lebte einmal eine Familie, mit einem Hund, der über die Abdeckroste der Bodenheizung wetzte, wenn er im Garten eine Katze erblickt hatte, mit dem Rauschen des Herds und dem Seufzen einer Bierflasche, die geöffnet wurde. Im Geiste höre ich, wie sich meine Eltern unterhalten, nachdem der Rundfunksprecher seine ernsten Nachrichten im Wohnzimmer hinterlassen hat, ich höre, wie mein Bruder einen Witz reißt und ich lospruste, im Dialekt, denn sogar das Lachen klang damals herzhafter. Nun aber ertönt hier nicht einmal die Stimme meiner Mutter, der letzten Bewohnerin dieses guten Hauses.

Ich gehe in mein altes Jugendzimmer und ziehe die

Schubfächer der beiden Schränke heraus. Ich weiß, dass da nicht mehr viel drinliegt – ein Hemd, das ich nie mehr trage, ein kleiner Teppich, den ich einmal geknüpft habe, Seminarunterlagen Vorgeschichte, Bodenkunde, Philosophie.

Im untersten Fach finde ich ihn: den Globus aus Plastik, den ich als Kind geschenkt bekam. Ich muss sieben oder acht gewesen sein, als ich diese pure Magie zum ersten Mal in den Händen halten durfte. Stundenlang lag ich auf dem orangebraunen Teppich, den Daumen auf dem Lichtschalter. Licht aus: Ozeane, Flüsse und Gebirgszüge. Blau bis dunkelblau getönt das Meer, dunkelgrün bis hellorange das Land. Licht an: Oh Wunder der Technik! Die »Politische Einteilung« der Welt! Jedes Land in einem anderen Farbton. Brasilien Gelb, Argentinien Rot, Chile Grün. Westeuropa war ein dicht bedrucktes Mosaik aus Farben und Buchstaben. In den Niederlanden und in Belgien drängelten sich die Städtenamen. Rotterdam schmiegte sich an Antwerpen, Amersfoort und Gent. Auch andernorts war es beengt. Lyon klebte an Genf, Hamburg an Bremen. Sogar Brügge war verzeichnet, die Stadt, zu der wir als Landgemeinde offiziell gehörten. Licht aus: die Alpen, der Himalaya, die Gangesebene. Licht an: Tokio, Kyoto, Osaka. Licht aus: der dunkelblaue Hinterkopf des Pazifischen Ozeans, mit nicht zu entziffernden, winzigen Punkten, die sich, Licht an, als Französisch-Polynesien entpuppten.

Alles war scheinbar so gut sortiert. Es gab die Welt und es gab die Erde. Die Welt, das war Licht an: das helle Farbspiel von Grenzen und Menschen und Hauptstädten und Autobahnen. Die Erde, das war Licht aus: die dunkle Masse der Kontinente, Meeresströmungen, Gebirgsmassive, Tundren, Taigas, Äquatorialwälder und Polkappen. So hatten wir es geregelt.

So war es, und so würde es immer sein. Die Erde war die konkrete, raue Materie, zum Zweck der Verwaltung fein säuberlich in Länder unterteilt, die zusammen ein buntes Puzzle aus zweihundert Teilen mit viel Blau dazwischen bildeten. Die Erde war etwas Physisches, die Welt etwas Politisches. »Politische Einteilung«, allein schon der Begriff. Die Politik begann offensichtlich erst in dem Moment, in dem von Einteilung die Rede war. Erst teilen, dann herrschen.

Ich setze mich auf die Bettkante und friemele den Stecker in die Steckdose. Tatsächlich, das Lämpchen funktioniert noch. Ganz up to date ist der Globus natürlich nicht mehr. Jugoslawien und die Tschechoslowakei sind verschwunden. Obervolta, Burma und Zaire heißen jetzt anders. Eritrea und die Republik Südsudan müssen noch geboren werden. Karten bleiben früher oder später immer hinter den Fakten zurück, dagegen lässt sich nichts machen. Was mich aber stört, ist dieser Unterschied zwischen Tag und Nacht, zwischen Welt und Erde. Früher waren die beiden Begriffe für mich austauschbar, mal verwendete ich den einen, mal den anderen, denn bedeuteten sie nicht mehr oder weniger das Gleiche? Doch in den letzten Jahren kommen immer öfter Zweifel bei mir auf. Warum wohl haben so viele westliche Sprachen zwei Wörter? *De wereld en de aarde. The world and the earth. Le monde et la terre.* Die Welt und die Erde. *El mundo y la tierra.* Offenkundig gibt es einen Unterschied, den wir vergessen haben.

Die Erde ist mehr als die Welt, mehr als die Summe der einzelnen Länder. Die Erde ist das komplexe System physischer, chemischer und biologischer Prozesse an Land, im Meer, im Eis und in der Luft, in dem das Leben entstehen konnte; die Erde ist die Geschichte natürlicher Kreisläufe an der Oberfläche und geologischer Prozesse im tiefen Untergrund, die für unseren Planeten so charakteristisch sind. Wer die Welt mit der Erde verwechselt, läuft Gefahr, den Menschen (Licht an) zum leuchtenden Mittel- und Fixpunkt der gesamten physischen Erde (Licht aus) zu erhöhen. Mehr noch: Wer nur die Welt sieht, vergisst die Erde.

Vielleicht ist das ja die Tragödie dieses störrischen Jahrhunderts: Wir sind vom hellen Licht der Menschenwelt so geblendet, dass wir die Erde aus dem Blick verloren haben. Und doch sind die planetaren Herausforderungen, vor denen wir heute stehen, das größte Sicherheitsproblem und auch das größte Gesundheitsproblem unserer Zeit, mehr als alle aktuellen Konflikte und geopolitischen Erdrutsche.[1] Die Naturgesetze scheren sich nicht um die Zwistigkeiten der Menschen.

Die Frage ist nicht, wie wir die Erde wieder ins Zentrum rücken können. Die Erde hat sich bereits selbst ungebeten wieder in den Mittelpunkt gestellt. Wer geglaubt hatte, die Welt der menschlichen Betriebsamkeit finde völlig losgelöst von der sie tragenden, physischen Erde statt, wurde in den vergangenen Jahren immer häufiger und schmerzhafter daran erinnert, wie ungemein eng beide miteinander verknüpft sind – es kann keine Weltpolitik geben ohne eine Erdpolitik, sosehr Letztere auch noch in den Kinderschuhen steckt. Die Frage ist also nicht, wie wir die Erde wieder ins Zentrum rücken können, sondern, wie wir über die Welt nachdenken müssen, wenn wir uns ins Bewusstsein rufen, dass es nun mal die Erde ist, die die Welt trägt.

Ich sitze auf der Bettkante und knipse das Globuslicht aus. Die Erde dreht sich langsam um ihre Achse. Im Krankenhaus wartet meine Mutter.

Ein Sommertag auf der Fasaneninsel

Am 1. August 2024 fand eine bemerkenswerte Zeremonie auf der Fasaneninsel statt, einem winzigen Fleckchen Erde im Bidasoa, dem Grenzfluss zwischen Frankreich und Spanien in den baskischen Pyrenäen. Unter dem üppigen Blätterdach der Inselbäume stiegen einige Menschen aus Schlauchbooten und gingen zu einer Stele, dem einzigen kleinen Bauwerk auf der Insel. Die meisten von ihnen trugen die makellos weißen Uniformen der französischen und der spanischen Marine. Der Weg war kurz, denn die Insel ist nur etwa zweihundert Meter lang und vierzig Meter breit.

Ein Rednerpult und ein Mikrofon standen bereit. Blumenkränze wurden niedergelegt, Trompeten, Kornette und Signalhörner erschallten, Salutschüsse wurden abgefeuert. Am Flaggenmast wurde die spanische Bandera eingeholt und die französische Tricolore gehisst. Es gab Ansprachen, und die Hymne der Insel – ja, sie hat eine, obwohl sie unbewohnt ist – erklang. Die Atmosphäre war eine einzigartige Mischung aus feierlichem Militärprotokoll und ausgelassener Fröhlichkeit, so wie im Jahr zuvor und auch in allen anderen Jahren davor. Denn der 1. August ist der Tag, an dem Frankreich wieder die Oberhoheit über die Fasaneninsel übernimmt, nachdem sie sechs Monate lang in spanischer Hand war.

Die Insel, kaum größer als ein Fußballfeld, ändert zweimal im Jahr die staatliche Zugehörigkeit. Weltweit ist sie das einzige Beispiel eines befristeten Kondominiums, eines gemeinschaftlichen Hoheitsgebiets, das im regelmäßigen Wechsel verwaltet wird. Die Regierungsverantwortung obliegt abwechselnd einem französischen Marinekommandanten in Bayonne und einem spanischen in San Sebastián. Beide tragen den Ehrentitel »Vizekönig«, was etwas kurios anmutet, zumal in Frankreich, wo die Monarchie unter der Guillotine und in der Verbannung endete.

Im Jahr 2022 wurde zum ersten Mal eine »Vizekönigin« ernannt: Pauline Potier, eine fünfunddreißigjährige Kommandantin der Flussmarine und Stellvertretende Direktorin in der französischen Zivilverwaltung. Bei ihrem Amtsantritt betonte sie, der außergewöhnliche Status der Insel sei mehr als nur ein folkloristisches Kuriosum: »Es ist ein Symbol für die Diplomatie nach dem Krieg.«[2]

Damit hatte sie völlig recht. Die Fasaneninsel (Île des Faisans im Französischen, Isla de los Faisanes im Spanischen, Konpantzia im Baskischen) ist seit dem November 1659 ungeteilt geblieben. Die sonderbare Regelung geht auf die Geburtsstunde der modernen Diplomatie zurück.

Wenn wir über die Konturen einer zukünftigen Erdpolitik nachdenken, sollten wir uns ansehen, wie die Weltpolitik entstanden ist. Die Geschichte der Diplomatie bestimmt noch immer die internationale Politik der Gegenwart, und das sogar dann, wenn es um *planetare* Herausforderungen geht. Zum Beispiel Klimaabkommen wie etwa das berühmte Übereinkommen von Paris im Jahr

2015 werden von *nationalen* diplomatischen Delegationen ausgehandelt, so wie vor fast vier Jahrhunderten.

Die Fasaneninsel war der Ort, an dem der Pyrenäenfriede zustande kam, der den jahrzehntelangen Krieg zwischen Frankreich und Spanien beendete. Diplomaten von höchstem Rang wie Kardinal Mazarin und Don Luis Méndez de Haro tagten hier mehrere Monate in einem temporär errichteten Pavillon, um die Friedensbedingungen auszuarbeiten, einschließlich der neuen Grenze zwischen den beiden Königreichen – derselben Grenze, die noch heute durch die Pyrenäen verläuft.

Ihre erfolgreichen Friedensverhandlungen wurden sieben Monate später mit einer königlichen Hochzeit besiegelt: Der einundzwanzigjährige Ludwig XIV., der spätere Sonnenkönig, erschien auf der kleinen Insel, um die spanische Infantin Maria Teresa, Tochter des habsburgischen Königs Philipp IV., als seine Braut in Empfang zu nehmen. Sie betrat von der spanischen Seite aus den opulent ausgestatteten Pavillon, den niemand Geringeres als Diego Velázquez, der größte Maler seiner Zeit, dekoriert hatte.

Der Pyrenäenfriede war ein Triumph der modernen Diplomatie. Er bildete den Schlussstein des Westfälischen Friedens, jenes weitreichenden politischen Abkommens, das einem Jahrhundert verheerender Kriege in Europa ein Ende setzte. Der Dreißigjährige Krieg (1618-1648) war mit großem Abstand der blutigste gewesen mit schätzungsweise acht Millionen Toten. Von Schweden bis Spanien war Europa verwüstet; ein Drittel der deutschen Bevölkerung war ausgelöscht worden. Es war der tödlichste

Konflikt auf dem Kontinent vor dem Ersten Weltkrieg. Doch diplomatische Gespräche beendeten diese Tragödie, und die Friedensverhandlungen auf der Fasaneninsel besiegelten die Abmachungen.

Seit Jahrhunderten bemüht sich Diplomatie – mit wechselndem Erfolg – um Stabilität und Frieden. Daraus lässt sich viel lernen. Die Geschichte der internationalen Beziehungen gleicht einem Theaterstück: Wenn es so aussieht, als sei alles festgefahren, beginnt ein neuer Akt mit einer frischen Dynamik. Institutionen können sich neu erfinden, insbesondere, wenn sie mit existenziellen Herausforderungen konfrontiert sind. Eine neue Wendung ist jederzeit möglich. Das gibt Hoffnung für unsere Zeit.

Wie Foie gras und Diplomatie die Welt eroberten

Die moderne Diplomatie entstand im Europa des 17. Jahrhunderts. Diplomatische Bemühungen sind jedoch kein exklusiv westliches Phänomen. Schon seit Tausenden von Jahren verhandelten Kulturen mit ihren Nachbarn. Um das Jahr 2100 vor unserer Zeitrechnung schlossen mesopotamische Stadtstaaten Friedensverträge miteinander. 1259 v. Chr. schickte Pharao Ramses II. Gesandte zu den Hethitern. Die griechischen Stadtstaaten, die Römer, das alte China, Indien unter Kaiser Ashoka und Kulturen wie die Maya, Inka und Wikinger kannten diplomatische Systeme.

Das Europa des 17. Jahrhunderts brachte aber etwas Neues hervor: Gesandte vertraten nicht mehr nur Fürsten, sondern auch Staaten. Als Geoffrey Chaucer in der zweiten Hälfte des 14. Jahrhunderts mehrmals als Abgesandter nach Italien geschickt wurde, befand er sich auf einer persönlichen Mission für den englischen König. Der Monarch wollte bei den Florentinern eine Anleihe loseisen, bei den Genuesern einen Hafen und bei den Mailändern, ja tatsächlich, eine Schwiegertochter. Einige Jahrhunderte später war Diplomatie keine rein persönliche Angelegenheit mehr.

Kardinal Richelieu schuf in den 1720er Jahren das erste moderne Außenministerium, ausgerichtet auf die Raison d'État, die Staatsräson. Machiavelli hatte die Idee einige Jahrzehnte zuvor für Florenz formuliert, Richelieu übertrug sie nun auf die nationale Ebene. Während des Dreißigjährigen Kriegs unterstützte er das protestantische Schweden und kämpfte gegen die katholischen Spanier – eine zynische Strategie, die sich für Frankreich als vorteilhaft erwies: Es erreichte eine Vormachtstellung in Europa.

Die Raison d'État wurde zur Basis internationaler Beziehungen. Kontakte mit anderen Ländern mussten konsequent von einem wohlverstandenen Eigeninteresse ausgehen. Um die internationale Machtbalance zu erhalten, sollten Diplomaten ein ständiges, professionelles Korps bilden. Es sollten keine Gesandten mehr für einige Monate losgeschickt werden, sondern Botschafter, die mehrere Jahre im Ausland verblieben, um Informationen zu sammeln, Berichte für ihr Land zu verfassen und sich dem zu widmen, was Richelieu *la négociation continuelle* nannte.[3]

Seine Vision schuf die Grundlage für das System souveräner Staaten, das 1648 mit dem Westfälischen Frieden besiegelt wurde. Während dieses ersten Akts der Diplomatiegeschichte (1600-1800) fanden Verhandlungen hauptsächlich bilateral statt: Frankreich unterhandelte mit Spanien, Schweden mit Russland, Polen mit dem Heiligen Römischen Reich. Diplomatie hatte zum Inhalt, Grenzen festzulegen, Machtgleichgewichte zu erhalten und nationale Interessen zu vertreten. Es war Misstrauen, kaschiert von guten Manieren. Was das betrifft, hat sich nicht viel geändert. Die Weltpolitik von heute beruht noch immer auf dem wohlverstandenen Eigeninteresse souveräner Staaten.

Diese neue Form der Diplomatie konnte nicht alle Kriege verhindern, galt jedoch immer öfter als Alternative zu einem bewaffneten Konflikt. Ein guter Herrscher, schrieb der einflussreiche französische Diplomat François de Callières 1713, dürfe »keine Waffen einsetzen, um seine Rechte zu untermauern oder zu verteidigen, ehe er nicht den Weg der Vernunft und der Überzeugung vollständig beschritten« habe. Wie so viele Menschen in der Zeit der Aufklärung träumte er von einer europäischen Ordnung, die auf Dialog und Vernunft statt auf Religion und Krieg beruhte. Die Erinnerung an die verheerenden Religionskriege war noch frisch. »Der Botschafter muss ein Mann des Friedens sein.«[4]

Frankreich wurde eine politische Großmacht und Französisch die Sprache der internationalen Beziehungen. Begriffe wie *corps diplomatique*, *attaché*, *communiqué*, *entente*, *détente* und *demarche* gingen ins Niederländische, Englische, Deutsche ein. Als Nebeneffekt eroberten auch die französische Etikette und Gastronomie die Welt. Ob Richelieu tatsächlich dafür verantwortlich war, dass Tafelmesser bei offiziellen Diners keine scharfe Spitze mehr haben durften, lässt sich bis heute nicht mit Gewissheit sagen (angeblich widerte es ihn an, wenn jemand mit der Messerspitze zwischen den Zähnen stocherte oder in aggressiver Absicht mit dem Messer herumfuchtelte), doch die *Nouvelle cuisine française* des 18. Jahrhunderts brachte auf jeden Fall neue Luxusgüter wie Trüffel, Foie gras und Champagner auf die Speisetische des Adels und der Reichen von Russland bis Amerika.

Das gute Leben unter dem Ancien Régime schien komfortabel und unerschütterlich. So könnte es sicher noch eine Weile weitergehen. Glaubte man.

Gemeinsam für das Eigeninteresse: Diplomatie seit dem 19. Jahrhundert

Der zweite Akt begann mit einem Paukenschlag.

Im Jahr 1814 war Klemens Wenzel Lothar von Metternich, Außenminister des Kaiserreichs Österreich, der Ansicht, die Diplomatie benötige einen Neuanfang. Nach den Napoleonischen Kriegen war es vorbei mit der alten Ordnung der bilateralen Vereinbarungen. »Wenn Paris hustet«, sagte er, »erkältet sich Europa.« Informelle Zwiegespräche zwischen perückentragenden Aristokraten, die in Rokokosalons an ihrem Kaffee nippten, reichten nicht mehr aus. Napoleons Eroberungen hatten das Mächtegleichgewicht massiv gestört; nun brauchte es eine neue Diplomatie, diesmal basierend auf Verhandlungen zwischen mehreren Regierungen.

Metternich wurde für diese Epoche, was Richelieu für die vorherige gewesen war: der Architekt einer neuen Diplomatie. Als konservativer Aristokrat gab er Monarchien den Vorzug vor revolutionären Experimenten. Er ging längst nicht so weit wie Immanuel Kant, der postuliert hatte, durch den Zusammenschluss von Ländern in einer Föderation freier Staaten könne ein dauerhafter Frieden erreicht werden. Metternich vertrat aber durchaus die Ansicht, dass eine internationale Zusammenarbeit für die Stabilität künftig unverzichtbar sei. Auf dem

Wiener Kongress (1814/15) zeichneten fünf Großmächte und zwölf andere Nationen eine neue Landkarte Europas. Das »Europäische Konzert« sollte die Dominanz eines einzelnen Staates verhindern. So entstand Multilateralismus als Grundlage der modernen Diplomatie, und damit war der Ton für die nächsten zwei Jahrhunderte gesetzt.

Multilateralismus bedeutete freilich nicht Internationalismus. Nationale Souveränität und Staatsräson waren weiterhin die Ausgangspunkte, doch wenn diese durch multilaterale Verhandlungen erreicht werden konnten, umso besser. Also gemeinsam für das Eigeninteresse.

Das zeigte sich zum Beispiel bei der Berliner Kongokonferenz (1885), auf der vierzehn europäische Länder die Aufteilung Afrikas besprachen. Es war kein Forum, auf dem die Kolonisierung Afrikas durch die Länder Europas durchgeplant wurde, sondern ein Treffen, auf dem Spielregeln für Staaten aufgestellt wurden, die koloniale Absichten hatten. Bismarck hatte die Konferenz einberufen, damit der »Wettlauf um Afrika« weniger chaotisch verlief – für die Kolonisatoren zumindest, denn das Schicksal der Menschen in Afrika war kein Thema. Die Eroberung Afrikas war bereits schwierig genug, da sollte gegenseitige Sabotage vermieden werden.

Auch auf den Haager Friedenskonferenzen (1899 und 1907) ging es nicht darum, kollektiv am Weltfrieden herumzubasteln, sondern darum, festzulegen, was in Kriegszeiten als »zivilisiert« galt – Protokolle, die schon wenig später im Ersten Weltkrieg einem Test unterzogen wurden.

Diese Periode des verstärkten internationalen Austauschs brachte auch die Weltausstellungen (ab 1851) und die modernen Olympischen Spiele (1896) hervor. Es war Multilateralismus *for the millions*: wettbewerbsorientierte Unterhaltung, zu der sich europäische Länder trafen, um einander auf friedliche Weise herauszufordern und zu übertreffen.

Der Erste Weltkrieg beendete das »Europäische Konzert«, nicht aber die multilaterale Diplomatie. Die Pariser Vorortverträge (1919/20) vertieften Metternichs Modell sogar noch. Multilateralismus wurde zur Norm und erhielt dauerhaft Gestalt mit dem Völkerbund, auch wenn sich der in der Praxis als eher zahnlos erwies. Nach dem Zweiten Weltkrieg wurde der Multilateralismus deshalb noch konsequenter angegangen, mit den Vereinten Nationen als wichtigstem Ergebnis. Die sollten das schaffen, was dem Völkerbund nicht gelungen war: den Weltfrieden zu wahren.

Nach 1945 kam es zu einer explosionsartigen Gründung multilateraler Institutionen: die Internationale Atomenergie-Organisation, die Weltgesundheitsorganisation, die Weltbank, der Internationale Währungsfonds und auf regionaler Ebene die Europäische Union, die Afrikanische Union und das ASEAN-Bündnis. Bilaterale Diplomatie verlor allerdings nicht an Bedeutung. Große Konferenzen boten eine Plattform für multilaterale Gespräche, doch Abkommen zwischen zwei Ländern wurden oft bei Frühstücksgesprächen und Galadinners geschlossen.

Diplomatie verbreitete sich weltweit. Neue Staaten, entstanden durch Entkolonialisierung, übernahmen diplomatische Strukturen des Westens. Die Zahl der UN-Mitgliedstaaten wuchs von 51 im Jahr 1945 auf 193 im Jahr 2024. Trotz bürokratischer Langsamkeit trug multilaterale Diplomatie dazu bei, dass die Welt sicherer wurde. Seit 1945 wurden keine Kernwaffen mehr in Kriegen eingesetzt. Und trotz einiger großer aktueller Krisen gab es in den letzten Jahrzehnten weniger Konflikte zwischen Staaten und weniger Kriegsopfer.[5]

Das System ist alles andere als perfekt, doch wie UN-Generalsekretär Dag Hammarskjöld es einmal ausdrückte: »Die Vereinten Nationen wurden nicht geschaffen, um uns in den Himmel zu bringen, sondern um uns vor der Hölle zu retten.«

So war es kein Zufall, dass das klassische multilaterale Konsensmodell gewählt wurde, als ab den siebziger und achtziger Jahren eine ganz neue Bedrohung des Weltfriedens ins Blickfeld rückte: die globale Erwärmung. Wie sollte die Welt diese Hölle abwenden? 1988 wurde der IPCC ins Leben gerufen, der Weltklimarat, gefolgt von der UN-Klimarahmenkonvention 1992, die von 165 Staaten unterzeichnet wurde und inzwischen 198 Vertragsparteien zählt. Ihr höchstes Beschlussorgan ist die jährlich stattfindende Vertragsstaatenkonferenz (Conference of the Parties, kurz COP, auch Weltklimakonferenz), die unter anderem zum Kyoto-Protokoll 1997 und zum Pariser Klimaabkommen 2015 führte.

Die internationale Klimapolitik ist damit das direkte

Erbe von vier Jahrhunderten Diplomatiegeschichte. Vom 17. und 18. Jahrhundert (dem ersten Akt) übernahm sie das Konzept souveräner Staaten, vom 19. und 20. Jahrhundert (dem zweiten Akt) die Bereitschaft zur multilateralen Zusammenarbeit. Doch die Staatsräson, das wohlverstandene Eigeninteresse aus der anthropozentrischen Weltpolitik, war damit im Herzen der neuen planetaren Erdpolitik verankert. Das konnte nicht folgenlos bleiben.

In der Vergangenheit erreichte Ergebnisse bieten keine Garantie für die Zukunft

»Es ist ein starkes, ausgewogenes und historisches Paket zur Beschleunigung des Klimaschutzes«, sagte Sultan Ahmed Al Jaber im Dezember 2023 in seiner Abschlussrede als Präsident der COP28, der 28. Weltklimakonferenz in Dubai. Und weiter:

> Wir haben eine Erklärung zu fossilen Brennstoffen in unsere Abschlusserklärung aufgenommen […]. Wir haben dazu beigetragen, den Glauben an und das Vertrauen in den Multilateralismus wiederherzustellen. Und wir haben gezeigt, dass die Menschheit sich vereinen kann, um der Menschheit zu helfen.[6]

Die *New York Times* lobte die unerwartete Klimavereinbarung als »Sieg der Diplomatie«, *Le Monde* pries sie als »historische Übereinkunft« und die chinesische Nachrichtenagentur Xinhua als »einen historischen Konsens«, der sich als »Meilenstein« erweisen werde.[7]

Was war der Grund für das fast weltweite Lob? Es war ein einziger Satz in dem Abkommen, der die Länder zur »Abkehr von fossilen Brennstoffen« aufrief. Nie zuvor in den 28 Jahren der COP hatte es eine so explizite Aussage gegeben.

Doch der Enthusiasmus hatte etwas Eigenartiges. Warum musste es fast dreißig Jahre dauern, bevor eine jährliche Konferenz mit fast zweihundert diplomatischen Delegationen endlich zu Papier zu bringen wagte, was Tausende Klimaforscher bereits seit Jahrzehnten bewiesen? Die Unterhändler wussten schon lange, dass der Klimawandel menschengemacht war, dass fossile Brennstoffe für mehr als 75 Prozent aller Treibhausgas-Emissionen verantwortlich waren und dass ein Temperaturanstieg um nur wenige Grad sehr einschneidende Folgen haben würde. Das wärmste Kalenderjahr seit Beginn der Aufzeichnungen neigte sich dem Ende zu. Warum dann nur eine »Aufforderung« an die Regierungen zur »Abkehr von fossilen Brennstoffen« in einer »geordneten Weise« und obendrein erst »bis 2050«, ohne die geringste rechtliche Verpflichtung?

Die Antwort ist so schmerzlich wie einfach: Angesichts der sehr unterschiedlichen nationalen Interessen und der unermüdlichen Lobbyarbeit der Wirtschaft mit ihrer Kurzfristlogik hat sich der traditionelle Multilateralismus als tragisch unzureichend erwiesen, den planetaren Herausforderungen unserer Zeit die Stirn zu bieten. Die Rezepte der Weltpolitik sind für die Erdpolitik nicht unbedingt hilfreich. Die klassische Diplomatie hat uns sehr viel gebracht, doch es gibt keine Garantie, dass ihre traditionellen Methoden ausreichen für die neuen Bedrohungen, mit denen wir heute konfrontiert sind. Es ist wie beim Investieren an der Börse: Die Kursverläufe in der Vergangenheit bieten keine Gewähr für die Zukunft.

Die Blütezeit des zweiten Akts, des klassischen Multilateralismus, liegt hinter uns, aber beim dritten Akt sind wir längst noch nicht angekommen. Seit der Jahrtausendwende leben wir in einem langen Entracte, einem Zwischenspiel ohne Fortschritt, während das Drama auf dem Planeten Erde unerbittlich voranschreitet.

Und es geht nicht nur um den Klimawandel. Der ist allenfalls das sichtbarste Symptom einer umfassenderen Krise. In den vergangenen Jahren hat die Wissenschaft neun kritische Grenzen der planetaren Belastbarkeit ausgemacht – sechs davon sind bereits überschritten, vielleicht sogar sieben.[8]

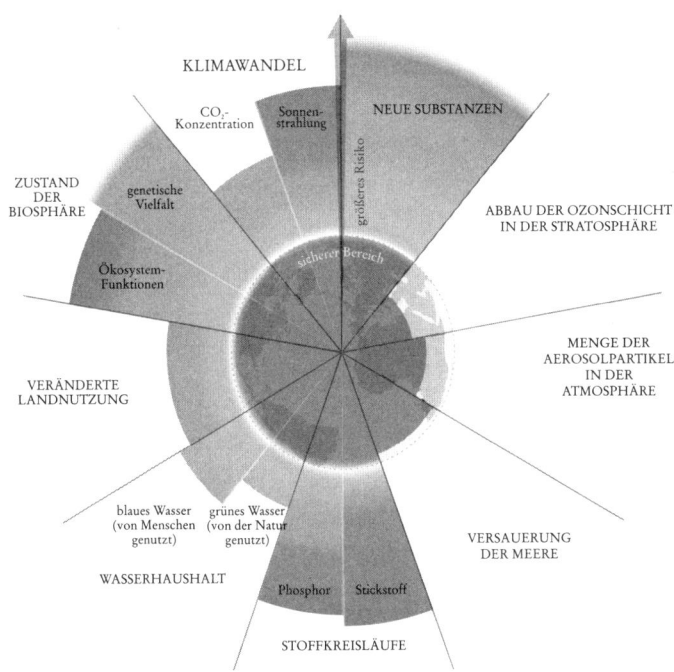

Abbildung 1: Neun Dimensionen des Erdsystems und das Maß, in dem darin die Grenzen des sicheren Bereichs jeweils bereits überschritten wurden (die Grafik basiert auf Richardson et al. 2023, Azote für das Stockholm Resilience Centre, CC BY-NC-ND 3.0)

Neben dem Klima geht es um Veränderungen der Land- und Süßwassernutzung, die globale Intaktheit der Biosphäre (genetische Vielfalt und Funktionalität von Ökosystemen), die Störung »biogeochemischer« Prozesse (Phosphor- und Stickstoffkreislauf) und das Aufkommen neuer, synthetischer Chemikalien (wie etwa den »Ewigkeitschemikalien« PFAS, die nicht oder schwer abbaubar sind und sich in der Umwelt und im menschlichen Körper anreichern, oder Mikroplastik, das selbst noch in der Tiefsee und auf den höchsten Berggipfeln zu finden ist). Die Versauerung der Meere erreicht inzwischen auch den kritischen Schwellenwert. Es handelt sich hier um zerstörerische Prozesse, die wissenschaftlich gut dokumentiert sind. Doch bisher wurde noch kein internationaler Vertrag geschlossen, der den Stier wirklich bei den Hörnern packt.

Das Erdsystem ist im buchstäblichsten Sinn in unbekannte Gewässer eingefahren. Wir aber navigieren, als dümpelten wir noch immer in einem ruhigen, vertrauten Binnenhafen. Wir sind nicht nur völlig unvorbereitet auf die Strömungen, Riffe und Untiefen, die uns erwarten, wir weigern uns sogar, uns über ein stabileres Schiff für die kommenden, unsicheren Zeiten Gedanken zu machen. Es scheint, als wären wir wieder im Jahr 1814 gelandet, mit dem Unterschied, dass wir jetzt offenbar keinen Anlass sehen, unser altes diplomatisches Modell einer radikal neuen Realität anzupassen. Ein Reaktionär wie Metternich hat in seiner Diplomatie mehr Voraussicht bewiesen als die progressivsten Politikerinnen und Diplomaten unserer Zeit, die weiterhin am Multilateralismus nach Vorväterart festhalten.

Falls überhaupt einmal ein Versuch unternommen wird, die internationalen Beziehungen zu verbessern, läuft das in der Regel auf eine weitere fruchtlose Debatte über die dringend nötige, jedoch nie verwirklichte Reform des UN-Sicherheitsrats hinaus. Wer nur institutionell denkt, sieht auch nur institutionelle Lösungen. Die Schwäche des heutigen Multilateralismus besteht gerade darin, dass er sich nicht von innen heraus erneuern kann. Unterdessen zerbröckelt die Nachkriegsweltordnung immer mehr und immer rascher.

In einer Zeit, in der sich die Menschheit zusammenschließen müsste, um sich ihrer bisher größten Herausforderung zu stellen – der Sicherung der planetaren Systeme, die das Leben ermöglichen und die Erde bewohnbar halten –, sind wir uneiniger denn je und weniger erfindungsreich als früher. Regionale Konflikte destabilisieren alte Machtverhältnisse, geopolitische Verwerfungen schaffen neue Bruchlinien, internationale Abkommen werden hinweggefegt, und die gesamte Nachkriegsweltordnung verflüchtigt sich. Mit jedem Jahr, das vergeht, ähneln die Vereinten Nationen mehr der Welt von 1945 als der Welt, wie sie 2045 aussehen könnte – wer weiß, demnächst geht die UNO noch den Weg des Völkerbunds. Und jedes Jahr wird die COP, die UN-Klimakonferenz, größer, zugleich aber zahnloser – die Macht der Fossillobby nimmt ständig zu. Im Jahr 2023 waren sage und schreibe 2456 Lobbyisten des fossilen Sektors auf dem

Weltklimagipfel in Dubai akkreditiert, viermal so viele wie im Jahr zuvor. Sie waren zahlreicher als alle offiziellen Vertreter wissenschaftlicher Institutionen, indigener Gemeinschaften und gefährdeter Länder zusammen.[9] Sogar den Vorsitz hatte einer der mächtigsten CEOs des fossilen Sektors inne, der bereits erwähnte Sultan Ahmed Al Jaber.[10] »Wir haben einfach beschlossen, es nicht mal mehr zu verschleiern«, wetterte der ehemalige US-Vizepräsident und Klimaaktivist Al Gore schon zuvor auf dem Weltwirtschaftsforum 2023 in Davos. Er rief dazu auf, die internationalen Institutionen zu reformieren,

> damit die Menschen auf dieser Welt, einschließlich der jungen Menschen auf dieser Welt, sagen können: Wir nehmen unser Schicksal selbst in die Hand. Wir lassen nicht mehr zu, dass der Himmel als offene Kloake benutzt wird. Wir werden die Zukunft retten und den Menschen Hoffnung geben. Wir schaffen das![11]

Einstweilen geschieht jedoch nichts. Metternich erfand nach Napoleon in Windeseile die Diplomatie neu; in unserer Zeit hingegen herrscht eine bestürzende Trägheit, obwohl der Planet brennt und nach Aufmerksamkeit schreit.

Die Instrumente der Vergangenheit sind unzureichend, weil die Herausforderung von heute eine grundlegend andere ist. Die Probleme der Erde sind von völlig anderer Art als die Probleme der Welt. Die planetare Polykrise, mit der wir konfrontiert sind, ist kein herkömmlicher Grenzkonflikt, kein gewöhnlicher Krieg, kein Weltkrieg und auch keine globale nukleare Bedrohung. Sie ist etwas radikal Neues, eine Form der Komplexität, die über die klassischen Konflikte zwischen Menschen untereinander hinausgeht. Die Polykrise ist zwar anthropogenen Ursprungs, lässt sich aber nicht anthropozentrisch lösen. Sie ist zu einer eigenen physischen Realität geworden, mit ihren eigenen Beschleunigungen und Fliehkräften, welche die Folgen weit über den menschlichen Ursprung hinausschleudern.

Und hier liegt der Kern des Problems: Das Erdsystem befindet sich in einer tiefen Krise, doch wir treten dieser Krise mit den gewohnten Mitteln der Menschenwelt entgegen. Licht an, Licht aus. Kein Wunder, dass die vorhandenen Konzepte – nationale Souveränität, Staatsräson, multilaterale Diplomatie und sogenanntes *stakeholder engagement* (eine harmlose Umschreibung für die Einbeziehung von Lobbyisten) – so grundlegend versagen. Die UNO wurde gegründet, um Konflikte zwischen Staaten zu schlichten, und nicht, um den Konflikt zwischen der Menschheit und dem Planeten zu lösen. Eine flache Organisationsstruktur eignet sich nicht zur Lösung eines vertikalen Problems.

An welchem Punkt ist es schiefgegangen? Irgendwann in der Nachkriegsdiplomatie sind wir zu der Überzeugung gelangt, »internationale Institutionen« seien gleichbedeutend mit »global governance« und das reiche aus. Wir haben vergessen, dass »international« im wörtlichen Sinn nur bedeutet: zwischen-staatlich, zwischen Nationen. Der Planet ist jedoch mehr als die Summe von Nationen. Am multilateralen Paradigma festzuhalten ist so, als würde man versuchen, ein Land nur mit einer Konferenz von Bürgermeistern zu regieren. Deshalb ist es kaum überraschend, dass nationale Interessen ständig über planetare Bedürfnisse siegen.

Wie kann nationale Souveränität noch der Grundstein internationaler Beziehungen sein, wenn wir mit Herausforderungen konfrontiert sind, die alle nationalen Grenzen überschreiten? Wie kann »Außenpolitik« noch »auswärtig« sein, wenn die Welt in existenziellen Fragen mehr denn je vernetzt ist? In einem Zeitalter der planetaren Herausforderungen verliert der Begriff »Außenpolitik« zum Teil seine Bedeutung. Die strikte Trennung zwischen Innen- und Außenpolitik stammt aus einer Zeit, in der Staatsgrenzen die Gesellschaften weitgehend bestimmten. Doch extreme Wetterereignisse, die zunehmende Umweltzerstörung, die Versauerung der Ozeane, der Anstieg des Meeresspiegels, Süßwasserknappheit, Massenmigration, Pandemien, der Vormarsch der Künstlichen Intelligenz und Probleme des Datenschutzes scheren sich nicht um die politischen Konturen von Nationalstaaten. Damit ist nicht gesagt, dass wir Grenzen einfach abschaffen sollten – sie spielen weiterhin eine Rolle –, sondern dass wir dringend diplomatische Strategien entwickeln müssen, die nicht mehr allein auf staatlicher Souveränität beruhen. Jenseits der Logik der *Staats*räson brauchen wir ein neues Prinzip: das der *Erdräson* – ein umfassender Ansatz, der die grundlegenden Bedürfnisse des Erdsystems über nationale Interessen stellt.

Raison de Terre

Für eine Relativierung nationalstaatlicher Souveränität zu plädieren erscheint zweifellos erst einmal wie ein Sakrileg. Es geht ja um nicht weniger als das eherne Fundament von vier Jahrhunderten moderner Diplomatie, das auch heute noch die Grundlage der Vereinten Nationen bildet. Besagt nicht die UN-Charta: »Die Organisation beruht auf dem Grundsatz der souveränen Gleichheit aller ihrer Mitglieder«?[12] Eine hehre Prämisse, gewiss, jedoch mit der Folge, dass wir uns die Welt nur noch so vorstellen können wie das bunte Puzzle auf dem Leuchtglobus meiner Kindheit.

Zugleich wird mir erst jetzt bewusst, dass die ewige Ordnung, die mein Globus zu verkörpern schien, eigentlich nur eine sehr junge Realität widerspiegelte. Dass die Erdkugel fein säuberlich in ein Patchwork von Nationalstaaten aufgeteilt war und dass all diese Staaten souverän über ihre Territorien wachten und diplomatische Beziehungen untereinander pflegten, war in meiner Kindheit noch gar nicht so lange der Fall.

Im Jahr 1945 lebte die Hälfte der Weltbevölkerung nicht in einem Nationalstaat, sondern in einem Mandatsgebiet, einer Kolonie, einem Protektorat, einem Überseegebiet oder Ähnlichem. Erst seit etwa 1965 leben nahezu alle Menschen in modernen Staaten.[13] Das verdanken wir natürlich der Entkolonialisierung. Kolonien sollten zu

Staaten werden, Fremdherrschaft sollte Autonomie weichen, und all die neuen Länder sollten auf der Grundlage der Gleichberechtigung behandelt werden. Wunderbare Ideale, doch sie führten auch zu einer Verabsolutierung des Souveränitätsprinzips. Was in Wirklichkeit eine relativ neue und willkürliche Tatsache war – die Welt als Puzzle autonomer Staaten –, wurde damit in Stein gemeißelt und als zeitlos verstanden.

Heute stellt sich die Frage: Müssen die sakrosankten Prinzipien von 1965 auch 2025 heilig bleiben? Hochheilig, wie es scheint. Während sich die internationale Rechtsordnung der Nachkriegszeit im Eiltempo auflöst, kehrt die Welt offenbar mehr denn je zu nationaler Machtpolitik, Protektionismus und identitären Reflexen zurück. Viel Bereitschaft zu einer bescheidenen Relativierung der nationalen Souveränität lässt sich derzeit nicht erkennen. Aber nochmals: Die Naturgesetze halten sich nicht an Staatsgrenzen. Die Erde schert sich nicht um die Welt. Die Zerstörung der Bewohnbarkeit nimmt ungeachtet aller politischen Konflikte ihren Lauf. Und deshalb müssen wir auch in diesen unbequemen Zeiten weiterhin unbequeme Fragen stellen. Gerade in Momenten akuter Krisen müssen wir laut über die Zukunft nachdenken.

Wenn die Europäische Union beweist, dass es möglich ist, eine Entscheidungsebene hinzuzufügen, die über den einzelnen Nationalstaat hinausgeht, ohne die nationale Dynamik auszublenden, warum sollte das nicht auch im globalen Maßstab gelingen? Europa ist alles andere als perfekt, doch es hat den Mitgliedstaaten eine Schlagkraft verliehen, die sie für sich allein nicht hätten. Warum sollte eine globale Politik, die etwas weniger unverbindlich ist als die heutigen UNO-Vereinbarungen, per definitionem undenkbar sein? Warum beharren wir verbissen auf einem überlebten horizontalen Modell, obwohl sich täglich zeigt, dass es für die Probleme des Planeten nicht gemacht ist?

Ein Weltbild, das die Menschheit nur mit Blick auf die politische Einteilung des Globus betrachtet, hat zudem etwas Armseliges. Der Mensch steht nicht nur in einem Verhältnis zur Welt, sondern auch in einem zur Erde. Er ist nicht nur Bürger oder Untertan, sondern immer auch Teil einer Umwelt, und sei es allein durch Ernährung, Atmung und Bewegung. Jeder Körper, der heranwächst, ist Außenwelt, die zur Innenwelt wird. Jeder Körper, der isst, stirbt oder sich bewegt, ist Natur innerhalb von Natur. Niemand gehört nicht zur Erde. Trotzdem ist in der Art und Weise, wie die internationale Politik betrieben wird, nichts davon zu spüren, nicht einmal jetzt, wo es um den Planeten geht. Wertvolle Chancen werden so verpasst.

Anders als es Globen, Landkarten, soziale Medien und politische Abhandlungen oft nahelegen, ist die Menschheit beim Thema Erdpolitik weit weniger gespalten, als wir gemeinhin glauben. Eine aktuelle, groß angelegte Umfrage des Entwicklungsprogramms der Vereinten Nationen und der Universität Oxford aus dem Jahr 2024 zeigt, wie sehr große Teile der Weltbevölkerung schon jetzt dafür plädieren, dass Politik und Wirtschaft die Raison de

Terre stärker berücksichtigen sollen.¹⁴ Dabei handelt es sich nicht um eine kleine Detailstudie. Mit mehr als 75 000 Befragten aus 77 Ländern, die 87 Prozent der Weltbevölkerung abbilden, handelt es sich um die größte Meinungsumfrage zum Thema Klima, die es je gab. Die Ergebnisse sprechen Bände: 80 Prozent der Weltbevölkerung machen sich demnach immer größere Sorgen über den Klimawandel. 80 Prozent der Befragten fordern, dass ihre Regierungen mehr gegen die Erderwärmung und den Verlust an biologischer Vielfalt unternehmen sollen, 79 Prozent sind der Ansicht, dass reichere Länder die ärmeren Länder in ihrem Kampf gegen den Klimawandel unterstützen sollten, und sogar 86 Prozent meinen, dass Staaten ihre Differenzen beiseitelassen und gemeinsam an einer Lösung arbeiten sollten. Wenn das keine Relativierung der nationalstaatlichen Souveränität ist!

Wenn eine überwältigende Mehrheit der Menschheit hinter diesen Forderungen steht, warum gelingt es dann nicht auch einer überwältigenden Mehrheit der Diplomaten, sie zu verwirklichen? Es besteht eine tiefe Kluft zwischen den Erwartungen der Menschheit und den Leistungen der Diplomatie. Während Letztere in altmodischen Staatsräson-Logiken feststeckt, sehnt sich der Großteil der Weltbevölkerung nach einer Politik, die die Erdräson ernst nimmt. Wo aber ist der Ort, an dem sich die Menschheit als Menschheit äußern kann? Wo können sich die Erdbewohnerinnen und Erdbewohner Gehör verschaffen, außer durch sporadische Meinungsumfragen? Die Antwort ist frustrierend: nirgends. Die traditionelle multilaterale Diplomatie hat die globale Debatte über Klima und Biodiversität an sich gerissen. Interessengruppen mit eigener Agenda, wie Finanz- und Industrielobbys und große NGOs, haben leichteren Zugang zu den COP-Unterhändlern als die Milliarden einfacher Menschen, um die es letztlich geht.

Wie kann die kollektive Weisheit der Menschheit eine Stimme erhalten? Wie kann sich die Weltbevölkerung über die Erde austauschen ohne den üblichen Umweg der nationalstaatlichen Repräsentation und Interessenvertretung? Wie kann eine neue Form der Diplomatie entstehen, die nicht nur den Interessen des Staates, sondern auch denen des Planeten dient?

Im Oktober 2021 startete die erste Global Assembly, eine Bottom-up-Initiative ohne formelles Mandat, beachtet und unterstützt von UN-Generalsekretär António Guterres und COP26-Präsident Alok Sharma.[15] Dieser globale Klima-Bürgerrat war ein faszinierender Versuch, zum ersten Mal die Welt als Welt sprechen zu lassen, losgelöst von nationalen Interessen und etablierten Lobbys. Mithilfe einer NASA-Datenbank zur Bevölkerungsdichte war zuvor eine Stichprobe von hundert Punkten auf der Weltkarte bestimmt worden. An jedem dieser Punkte suchten die Organisatoren einen lokalen Partner, der mit Straßengesprächen und Haustürwerbung sechs Personen aus den örtlichen Gemeinschaften für das Projekt gewinnen sollte. Schließlich wurde aus der Gruppe von 675 Kandidaten ein Panel von hundert Teilnehmern ausgelost, das qua Alter, Geschlecht, Herkunft, Bildung und dem Grad an Klimabesorgnis so weit wie möglich der Weltbevölkerung entsprach.[16]

Dabei kam ein ziemlich repräsentativer Querschnitt der Welt heraus. 18 Teilnehmende kamen aus Indien, 18 aus China, fünf aus den USA, vier aus Indonesien, jeweils drei aus Brasilien, Pakistan und Nigeria, zwei aus Russland, Bangladesch, den Philippinen und der Demokratischen Republik Kongo sowie aus 38 anderen Ländern jeweils eine Person. Bei den virtuellen Treffen wurden 42 verschiedene Sprachen gesprochen, am häufigsten Englisch, Mandarin und Hindi. Mehr als die Hälfte der Teilnehmenden waren jünger als 35 Jahre, zwei Drittel von ihnen lebten von weniger als zehn Dollar am Tag, ein Drittel hatte noch nie einen Computer benutzt, ein Drittel hatte nie eine Schule besucht und zehn Prozent konnten nicht lesen und schreiben. 16 Personen gehörten außerdem einer indigenen Gemeinschaft an, und sechs waren aus ihrer Heimat geflüchtet. Voilà: die Weltbevölkerung.

Innerhalb von elf Wochen verbrachten sie achtundsechzig Stunden online miteinander, sowohl in Gruppen- als auch in Plenarsitzungen. Unter ihnen befand sich Li Shimao, ein Student aus Wuhan, der Internationalen Handel studierte und sich nie ernsthafte Sorgen über den Klimawandel gemacht hatte.[17] Bei den Sitzungen lernte er Mohamed Salem kennen, einen älteren Ziegenhalter von der jemenitischen Insel Sokotra, der sechzig Kilometer mit dem Moped fahren musste, um Zugang zum Internet zu bekommen. Mohamed berichtete Li und den anderen, wie sehr seine Herde unter anhaltenden Dürren litt und wie die Landschaft um ihn herum immer karger wurde.[18] Und da war Madeleine Kiendrebeogo, eine junge Hausangestellte aus der Republik Côte d'Ivoire, die sich mit Chom Chayabut austauschte, einem Dorfbewohner aus den Wäldern Südthailands.[19]

Dieser globale Klima-Bürgerrat aus einfachen Menschen erhielt Zugang zu Informationen und die Unterstützung von Dolmetscherinnen und helfenden Begleitern, damit alle ihre Stimme einbringen und verstärken konnten. Die Teilnehmenden nahmen ihre Aufgabe sehr ernst und fühlten sich durch den Prozess enorm gestärkt. »Früher hatte ich das Gefühl, unter einem großen Baum zu stehen«, sagte einer von ihnen am Schluss. »Jetzt ist es so, als würde ich oben auf dem Baum sitzen.«[20]

Das wichtigste Ergebnis war die »People's Declaration for the Sustainable Future of Planet Earth«, ein Appell, »eine blühende Erde für alle Menschen und anderen Spezies für alle künftigen Generationen sicherzustellen«.[21] Die Erklärung plädierte für die Umsetzung der Ziele des Pariser Klimaschutzabkommens – sie stand also nicht im Widerspruch zum klassischen Multilateralismus, sondern baute darauf auf und legte dabei mehr Eifer und Kreativität an den Tag, als wir es in der Regel von den COP-Klimagipfeln gewohnt sind. So forderte die Global Assembly unter anderem eine gerechte Verteilung der Verantwortung entsprechend der Leistungsfähigkeit und der historischen Emissionen, die Partizipation gefährdeter

Länder bei Entscheidungen zum Klimaschutz, die Aufnahme von Umweltschutzrechten in die Allgemeine Erklärung der Menschenrechte, den gesetzlichen Schutz der Natur gegen Ökozide, eine fundierte Klimabildung für alle Menschen und eine gerechte Energiewende mit Unterstützung der weniger wohlhabenden Länder. Vor allem aber sprach sich der globale Klima-Bürgerrat für eine gemeinsame Verantwortung von Bürgern, Regierungen und Unternehmen für eine nachhaltige Sicherung der Zukunft aus. In diesen elf Wochen hatten die hundert Menschen mehr erreicht als die COP-Konferenzen in dreißig Jahren.

Zum Schluss sagte Chom Chayabut aus Thailand:
> Die Ideale der Global Assembly geben mir die Hoffnung, dass die Menschheit imstande sein wird, die Klimakrise weltweit erfolgreich anzugehen. Ich bin mir sicher, dass wir das schaffen, weil wir alle unseren Planeten lieben.

Er war nicht der Einzige, der sich optimistisch zeigte. Sogar UN-Generalsekretär Guterres lobte die Initiative als »einen praktischen Weg, zu zeigen, wie wir durch Solidarität und die Stärke der Menschen das Handeln beschleunigen können«.[22]

Angenommen, so ein globaler Klima-Bürgerrat würde zu einem festen Bestandteil der COP-Konferenzen. Zuerst eine Vorrunde, in der viele Millionen Menschen online und offline an den Beratungen teilnehmen könnten. Anschließend eine repräsentative Gruppe von tausend Personen, die der demografischen und kulturellen Vielfalt der Welt gerecht würde, persönlich vor Ort auf dem Klimagipfel. Und angenommen, diese Gruppe würde nicht irgendwo zwischen den Ständen in der Besucherzone landen, sondern in der »Blue Zone«, dem Zentrum der Konferenz, wo die offiziellen Verhandlungen stattfinden. Nehmen wir weiterhin an, diese Menschen hätten Zugang zu den besten Forschungsergebnissen über den Klimawandel, könnten Weltpolitikern, Vertretern zivilgesellschaftlicher Organisationen, Repräsentanten von Unternehmen, Religionsführern sowie Abgesandten indigener Gemeinschaften zuhören und würden dann, nach eingehender Beratung, den mächtigsten Staats- und Regierungschefs ihre Empfehlungen vorlegen. Würden sie dann fast dreißig Jahre brauchen, um zu dem Schluss zu gelangen ... – dass wir so schnell wie möglich aus diesem fossilen Albtraum aussteigen müssen? Wohl eher nicht. Sie würden die Verantwortung für den Planeten auf eine völlig neue Ebene heben, weit jenseits des erbärmlichen, deprimierenden Gerangels nationaler und industrieller Interessen, das wir heute auf dem jährlichen Klimagipfel erleben. Sie würden beweisen, dass neben einer bilateralen und multilateralen Diplomatie eine weitere Dimension möglich ist: *planetare Diplomatie* auf der Grundlage der Erdräson. Sie würden die Weltpolitik um etwas bereichern, das längst überfällig ist: Erdpolitik.

Von der Weltpolitik zur Erdpolitik

Der Vorschlag, einen globalen Bürgerrat ins offizielle Zentrum der internationalen Klimadiplomatie aufzunehmen, ist weniger utopisch, als es auf den ersten Blick scheinen mag. Ideen in diese Richtung gewinnen weltweit immer mehr an Zugkraft. Im Juli 2024 fand in Oxford eine faszinierende Konferenz statt, in der es genau darum ging: »A permanent Global Citizens' Assembly: Adding humankind's voices to world politics«.[23] Es war ein Lichtblick, einer internationalen Gruppe von Denkerinnen und Denkern beim Out-of-the-box-Denken zuzusehen.

Wenige Monate später erschien ein Essay von Laurence Tubiana und Ana Toni mit dem Titel »The case for a Global Climate Assembly«.[24] Die Autorinnen sind keine Unbekannten: Tubiana war die französische Verhandlungsführerin beim Übereinkommen von Paris, Toni ist Staatssekretärin für Klimawandel im brasilianischen Umweltministerium und trägt die Hauptverantwortung für die Ausrichtung der COP30, der UN-Klimakonferenz, die im November 2025 in der brasilianischen Stadt Belém stattfinden wird.

Auch sie konstatierten die Versäumnisse der bisherigen Diplomatie und schlugen vor, ganz normale Menschen einzubeziehen. Sie verwiesen auf nationale Bürgerräte mit ausgelosten Teilnehmer:innen in Irland und Frankreich und auf partizipative Prozesse in Brasilien. Dabei hatte sich gezeigt, dass nach dem Zufallsprinzip ausgewählte Personen bei ihren Beratungen freier und von Parteiinteressen unabhängiger sind als politische Eliten und dass ihre Empfehlungen deshalb konkreter ausfallen.

Es sei höchste Zeit, so Tubiana und Toni, diesen Ansatz auf die globale Ebene zu heben. So wie Richelieu die Raison d'État von der lokalen auf die nationale Ebene gebracht hatte, so übertrugen sie nun das Konzept eines Bürgerrats auf den planetaren Kontext.

Was wir heute brauchen, ist [...] eine globale Bürgerversammlung für die Menschen und den Planeten, in der sich Bürger aus allen Ländern zusammenfinden, nicht nur, um einen gemeinsamen Weg in die Zukunft abzustecken, sondern auch, um unsere Politik neu zu gestalten und eine globale ethische Bestandsaufnahme anzuregen.

Die Zeit ist dafür reif, schrieben sie. In den G20-Ländern befürworten 62 Prozent der Menschen die Idee der Bürgerräte, in Ländern wie Brasilien, Indien, Indonesien, Mexiko und Südafrika mehr als 70 Prozent und in Kenia sogar mehr als 80 Prozent der Bevölkerung.[25] Auch in den Niederlanden und in Belgien findet die Idee Anklang. Vor einigen Jahren begeisterten sich bereits 63 Prozent der Niederländer für das damals noch wenig bekannte Konzept, in Belgien sind es inzwischen 79 Prozent der Bevölkerung.[26]

Das Fazit von Tubiana und Toni war ebenso naheliegend wie ambitioniert:

Auf der COP 30 und darüber hinaus müssen wir einen

Raum schaffen, in dem jede Stimme gehört wird, und dafür sorgen, dass der Übergang nicht nur schnell, sondern auch gerecht verläuft. Wenn das nicht gelingt, werden wir unsere gemeinsamen Ziele nicht erreichen. Deshalb ist Brasilien fest entschlossen, die COP30 (im November 2025) zur »People's COP« zu machen und jedem Menschen auf der Erde die Möglichkeit zu geben, an der Gestaltung unserer gemeinsamen Zukunft mitzuwirken.

Aller Voraussicht nach wird dieser erste Versuch, einen globalen Bürgerrat bei einem internationalen Klimagipfel einzubeziehen, nicht reibungslos verlaufen. Brasilien hat zwar eine lange Tradition partizipativer Prozesse und des gesellschaftlichen Dialogs, ist aber auch ein erdölexportierendes Land, das im Februar 2025 der OPEC+ beitrat, der Plattform für die Kooperation der OPEC-Mitgliedstaaten und der Nicht-OPEC-Ölförderländer.[27]

Eines ist jedoch gewiss: In den kommenden Jahrzehnten werden wir immer öfter Räume brauchen, in denen die Welt als Welt über die Probleme des Planeten Erde sprechen kann. Die Erdpolitik, die wir entwickeln müssen, wird tief greifende moralische Entscheidungen erfordern, die nicht nur staatlichen Unterhändlern und privatwirtschaftlichen Interessengruppen überlassen werden dürfen. Wie teilen wir zum Beispiel das verbleibende CO_2-Budget auf? Können die reichen Länder so weitermachen wie bisher, weil ihre Wirtschaft nun einmal kohlenstoffintensiv ist, oder sollten die letzten Gigatonnen nicht gerade den ärmeren Ländern zugeteilt werden, die sie für ihre grundlegende Entwicklung benötigen?

Noch heikler ist die Frage des Geoengineering. Da sich der Planet auf gefährliche Kipppunkte mit unumkehrbaren Folgen zubewegt, gibt es die Forderung, man müsse Zeit gewinnen: Sulfatpartikel sollen in die Stratosphäre eingebracht werden, damit sie die Sonnenstrahlung ins All reflektieren. Sollten wir auf diese Weise einen künstlichen vulkanischen Winter erzeugen, damit uns ein paar zusätzliche Jahre für den Übergang in eine kohlenstoffarme Welt bleiben? Oder besteht die viel größere Gefahr, dass die Regierungen ihre Bemühungen völlig einstellen, wenn sie die Erde mit ein wenig Staub kühlen können? Das sind existenzielle Fragen, die kein Staat, kein Unternehmen und keine diplomatische Elite allein entscheiden sollte. Ein globaler Bürgerrat als Teil der Weltklimakonferenz könnte hier wesentliche Anstöße leisten.

An großen Fragen herrscht kein Mangel. Um nur einige zu nennen: Ist es wünschenswert, dass die Menschheit auch beim Thema PFAS und Mikroplastik mitzureden hat, oder kann diese Problematik weiterhin allein von politischen und wirtschaftlichen Eliten geregelt werden? Soll der Mond für die Ausbeutung seiner Mineralien und Sonnenenergie freigegeben werden und, falls ja, unter welchen Bedingungen? Und wer entscheidet eigentlich über die Erforschung des Mars und die zunehmende Nutzung des interplanetaren Raums? Wer bestimmt, ob und wann die Exploration des Weltraums auch zur Exploitation werden darf?

Wir leben in absolut historischen Zeiten, die so turbulent und intensiv sind, dass wir manchmal nicht mehr zwischen Wesentlichem und Unwesentlichem unterscheiden können. Zugleich ist die zentrale Frage eigentlich ganz einfach: Wie sorgen wir dafür, dass die Erde bewohnbar bleibt? Schauen wir schweigend zu, gefangen in der lähmenden Logik der vergangenen Jahrzehnte, überzeugt davon, dass das bestehende, sehr unzulängliche Konsensmodell das einzig mögliche ist? Oder lassen wir uns inspirieren von weltweiten Meinungsumfragen und faszinierenden Experimenten, die zeigen, dass einfache Bürgerinnen und Bürger viel *mehr* wollen und selbst eine entscheidende Rolle spielen *können*?

Wir befinden uns an einem Kipppunkt. Wenn die Diplomatie auch heute noch eine relevante Rolle spielen möchte, wird sie ihr jetziges multilaterales Paradigma revidieren müssen. So wie der Bilateralismus des Ancien Régime durch die napoleonischen Umwälzungen transformiert wurde, gilt es, den Multilateralismus von heute grundlegend zu reformieren. Alle zweihundert Jahre braucht die Diplomatie ein Update. Warum sollte sie sich heute nicht neu erfinden können?

Die große Frage ist also nicht, ob, sondern wie sich die Diplomatie verändern wird. Vierhundert Jahre lang stand sie im Dienst des Nationalstaats, in Zukunft wird sie ihren Dienst im Namen der Erde ausüben müssen. Als ersten Anstoß sollte sie so schnell wie möglich die Stimme der Erdbewohnerinnen und Erdbewohner ins Zentrum ihrer entscheidenden Beratungen einbeziehen – nicht als Ersatz für die heutigen Unterhandlungen, sondern als Ergänzung, so wie Metternichs Multilateralismus seinerzeit Richelieus Bilateralismus nicht abschaffte, sondern bereicherte.

Auf UN-Klimakonferenzen oder sogar in der UNO-Vollversammlung könnten solche Bürgerräte einen moralischen Kompass für die Belange des Allgemeinwohls und die langfristige Planung bereitstellen. In einer idealen Welt würden sie zu einem integralen Bestandteil der globalen Entscheidungsprozesse. Notwendig wäre auch ein Mechanismus, der den Fortschritt der Umsetzung nachverfolgt. Als Inspiration könnten die ersten institutionalisierten Bürgerräte dienen, etwa der »Bürgerdialog« der Deutschsprachigen Gemeinschaft in Belgien; dort sind die gewählten Politiker verpflichtet, die Empfehlungen des permanenten Bürgerrats in ihre Politik einzubeziehen.[28]

Wie auch immer es in Zukunft aussehen mag – eine Verlagerung von der Raison d'État zur Raison de Terre wird unausweichlich sein. Das klingt vermutlich ebenso unerreichbar wie Kants »Föderalismus freier Staaten« im Jahr 1795. Und doch wurde seine Idee zwei Jahrhunderte später zur Realität, unter anderem in der Europäischen Union. Die Geschichte der EU beweist auf jeden Fall, dass die Stimmen von Staaten *und* Bürgern in internationalen Entscheidungsprozessen zusammengeführt werden können, insbesondere über das empfindliche Gleichgewicht zwischen nationalen Regierungen und dem transnationalen Parlament. Es zu wagen, die Staatsräson um eine Erdräson zu bereichern, wird auf gleiche Weise ein völlig neues Spielfeld für die Entwicklung einer Erdpolitik eröffnen.

Dieses neue diplomatische Modell sollte den Blick jedoch nicht auf europäische Vorbilder verengen. Vier Jahrhunderte lang haben wir uns vom westlichen Denken leiten lassen. Vielleicht ist es nun an der Zeit, zu anderen diplomatischen Traditionen zurückzukehren, die größtenteils im Schatten des europäischen Systems souveräner Staaten geblieben sind.

Die klassische chinesische Diplomatie beispielsweise beruhte auf dem Konzept des Tianxia, »Alles unter dem Himmel«, ein Gedanke, der nicht nur Nationen umfasste, sondern die gesamte physische Welt – Länder, Meere, die Menschen. Konfuzianische Werte wie *ren* (Menschlichkeit), *yi* (Gerechtigkeit) und *xin* (Verlässlichkeit) spielen für chinesische Diplomaten bis heute eine Rolle und könnten sich als relevant erweisen, wenn es darum geht, die Grundzüge einer planetaren Politik zu umreißen.[29] Auch von dem aus Indien stammenden Konzept *vasudhaiva kutumbakam*, »Die Welt ist eine Familie«, könnten wir uns inspirieren lassen. Es hat seinen Ursprung in den Upanishaden, philosophischen Texten aus der Zeit zwischen 800 und 300 vor unserer Zeitrechnung, und war im Jahr 2020 das Motto der indischen G20-Präsidentschaft.[30] Indonesien wiederum kennt das Konzept des *musyawarah-mufakat*, eine tief verwurzelte Tradition von Dorfversammlungen. Das auf Beratungen und Konsens basierende Prinzip ist in die moderne Politik eingeflossen.[31] Die afrikanische Philosophie des *ubuntu* – »Ich bin, weil wir sind« – ist bis heute eine kraftvolle Erinnerung an menschliche Verbundenheit und die universale Verflechtung alles Lebendigen. Im Post-Apartheid-Südafrika beeinflusste *ubuntu* neue Formen der Justiz; kollektiver Heilung wurde größeres Gewicht beigemessen als individueller Bestrafung.[32]

Ideen und moralische Werte sind wichtig, denn sie prägen den Geist von Institutionen. Der Beginn einer planetaren Diplomatie, einer echten Erdpolitik, ist deshalb auf die besten Ideen der Welt angewiesen, um erfolgreich zu sein.

Überdies wird es Zeit für mehr demografische Gerechtigkeit. China, Indien und Indonesien sind drei der vier größten Länder der Welt. Zusammen machen sie mehr als 38 Prozent der Weltbevölkerung aus. Und im Jahr 2050 wird ein Viertel der Weltbevölkerung afrikanisch sein – 2,5 Milliarden Menschen. Es versteht sich von selbst, dass auch einige ihrer grundlegenden philosophischen und spirituellen Einsichten die zukünftige Erdpolitik mitgestalten.

Das Geräusch eines Gletschers

Vor einigen Jahren ging ich die Haute Randonnée des Pyrénées, eine fast achthundert Kilometer lange Wandertour durch das raueste Hochgebirge Europas. Die herausfordernde Route führt vom Atlantik zum Mittelmeer und folgt ziemlich genau der Grenze zwischen Frankreich und Spanien, jener Grenze also, die vor geraumer Zeit auf der Fasaneninsel gezogen wurde. Während ich am Grenzkamm aus Granit und Kalkstein auf und ab kraxelte, verfluchte ich mehr als einmal die Unterhändler von 1659, die auf der Karte eifrig eine sich an den höchsten Gipfeln entlangschlängelnde Linie gezogen hatten, ohne selbst jemals dort hinaufgestiegen zu sein. Doch die wochenlange, wunderbare Bergtour war eine einzige lange Reflexion über die Schönheit und Verletzlichkeit der Erde.

Unterwegs traf mich die Realität des Klimawandels mit solcher Wucht, dass ich es nie vergessen werde. Ich hatte mein Zelt mit Blick auf die monumentale Nordwand des Vignemale, des höchsten Bergs auf der französischen Seite, aufgeschlagen. In der Abenddämmerung wurde die vollkommene Stille der Landschaft urplötzlich zerrissen. Ein Teil des am weitesten östlich gelegenen Gletschers brach ab und stürzte im Zeitlupentempo in die Tiefe, hinter sich eine Wolke aus Staub und Geröll. Das Geräusch – ein raues, donnerndes Brüllen über mindestens eine halbe Minute – war unwirklich, brutal und verstörend. An jenem Abend in meinem Zelt fand ich keine Worte, die ich in mein Tagebuch hätte schreiben können. Tagelang spukte mir das donnernde Gebrüll im Kopf herum. Ich hatte das vage Gefühl, dass etwas grundverkehrt war an einer Weltpolitik, die hauptsächlich auf nationaler Souveränität gründet. Wenn dieser wüst einstürzende Gletscher des Vignemale eines deutlich gemacht hatte, dann dies: Die Devise »private vices, public benefits« ist falsch. Anders als es Bernard Mandeville vor drei Jahrhunderten so gern hatte glauben wollen, führt individuelle Habgier nicht automatisch zu kollektiven Vorteilen.

Als ich wieder zu Hause war, wurde mir bewusst, dass in der westlichen Diplomatie, die in den vergangenen Jahrhunderten die Welt dominiert hat, etwas zutiefst Cartesianisches steckt. Richelieu reformierte die französische Außenpolitik genau zu dem Zeitpunkt, als Descartes die Gedanken für seinen *Discours de la méthode* entwickelte. Aus irgendeinem Grund stellten beide das »Selbst« in den Mittelpunkt ihres Denkens. Was das *Cogito* für Descartes, war die Raison d'État für Richelieu: ein fester Bezugspunkt als Zentrum, von dem sich alles andere ableitet.

Ihr Timing war vielleicht nicht zufällig. Nur wenige Jahre zuvor hatte Galilei bewiesen, dass nicht die Erde, sondern die Sonne der Mittelpunkt unseres Planetensystems ist. Nun erschienen Descartes und Richelieu auf der Bildfläche mit einem nach innen gerichteten Blick, als müsse etwas kompensiert werden – sozusagen von geozentrisch hin zu egozentrisch. Wenn die Erde nicht mehr der Mittelpunkt sein durfte, schien ihr Werk zu sagen, könne man noch immer auf das Cogito als Beginn allen Wissens und die Raison d'État als Beginn jeder Politik zurückgreifen. Diese selbstbezogene Denkweise verankerte sich so tief im Kern der westlichen Philosophie und auch der modernen Diplomatie, dass sie über Jahrhunderte hin maßgebend war. Und bis heute bestimmt sie, wie wir mit dem Planeten umgehen, von der Fasaneninsel bis zu den Klimagipfeln von Sharm el-Sheikh, Dubai und Baku.

Jetzt ist es an der Zeit, ein neues geozentrisches Modell zu entwickeln – natürlich nicht im astronomischen, sondern im philosophischen Sinn: ein grundlegendes Bewusstsein, welches das Erdsystem in den Mittelpunkt unseres Denkens und Handelns stellt und die Erdräson als Grundprinzip einer *global governance* anerkennt. Die Welt hat die Erde destabilisiert, und nun destabilisiert die Erde die Welt. Der einzige Weg, uns zu schützen und die Bewohnbarkeit unseres Planeten sicherzustellen, besteht darin, die Erde als Erde zu behandeln. Wenn wir aus einem breiten Spektrum philosophischer und spiritueller Traditionen schöpfen, kann dieses »neo-geozentrische« Bewusstsein sogar weiter blicken als die heutigen Generationen und über rein menschliche Belange hinausgehen. Es gilt, auch die ferne Zukunft und das nichtmenschliche Leben mit in den Blick zu nehmen. Einen ersten Anstoß dazu hat bereits die Global Assembly geleistet, als die Mitglieder dieses globalen Klima-Bürgerrats einstimmig zur Wiederherstellung und Bewahrung »einer blühenden Erde für alle Menschen und anderen Spezies für alle künftigen Generationen« aufriefen. Kurzum, es geht nicht mehr allein um uns und um die Gegenwart. Vielleicht ist uns noch nicht recht bewusst, wie weit der Übergang von der Epoche der europäischen Aufklärung zum Zeitalter der globalen Verflechtung bereits fortgeschritten ist.

Es ist an der Zeit, eine Erdpolitik zu entwickeln, die dieser neuen Realität gerecht wird. Es ist an der Zeit, einen Globus zu entwerfen, der den Planeten Erde zeigt, wenn das Licht angeknipst ist. Es ist an der Zeit, planetar zu denken.

Danksagung

In den letzten Jahren habe ich gebannt miterlebt, wie die internationale Klimapolitik Gestalt annimmt. *Governing Climate Change* von Harriet Bulkeley und Peter Newell (London 2023 [2015]), *Climate Change and the Nation State* von Anatol Lieven (London 2021) und *GIEC: la voix du climat* von Kari De Pryck (Paris 2022) eröffneten mir neue Einsichten. Die Vorschläge für einen globalen Bürgerrat faszinierten mich zunehmend. Mit großem Interesse verfolgte ich seit 2021 die Global Assembly, informierte mich auf der Konferenz »A permanent Global Citizens' Assembly: Adding humankind's voices to world politics«, die im Juli 2024 in Oxford stattfand, und lernte viel dazu durch das Buch *Children of a Modest Star: Planetary Thinking for an Age of Crises* von Jonathan Blake und Nils Gilman (Stanford 2024).

Für inspirierende Gespräche über die hier entfalteten Ideen bedanke ich mich herzlich bei Claudia Chwalisz, Claire Mellier, Rich Wilson, Roman Krznaric, Kate Raworth, Graham Smith, Laurence Tubiana und Sandrine Dixson-Declève. Vor allem war es ein großes Privileg, neben den vielen Fragen auch die Tage mit Eva Rovers teilen zu dürfen. Wil Hansen, mein Lektor und guter Freund schon seit fünfundzwanzig Jahren, las wieder mit und beförderte den Text auf höhere Ebenen.

Anmerkungen

1 Siehe z. B. Weltgesundheitsorganisation (WHO), »One Health«, online verfügbar unter: {https://www.who.int/health-topics/one-health#tab=tab_1}; siehe auch Joyeeta Gupta, Xuemei Bai et al. »A just world on a safe planet: A *Lancet Planetary Health*-Earth Commission report on earth-system boundaries, translations, and transformations«, in: *The Lancet Planetary Health Commission* 8/10 (Oktober 2024), online verfügbar unter: {https://www.thelancet.com/journals/lanplh/article/piis2542-5196(24)00042-1/fulltext} (alle URL Stand Mai 2025).
2 Klervi le Cozic, »Au Pays basque, une vice-reine pour le plus petit condominium du monde«, in: *Le Parisien* (18. September 2022), online verfügbar unter: {https://www.leparisien.fr/pyrenees-atlantiques-64/au-pays-basque-une-vice-reine-pour-le-plus-petit-condominium-du-monde-18-09-2022-4KXPCHY3FBGL5DQT2G64N2PB3A.php}.
3 Jean-François de Raymond, »La négociation permanente: Clé de la paix et de la guerre«, in: *Actes des congrès nationaux des sociétés historiques et scientifiques* 136-1 (2012), S. 153, online verfügbar unter: {https://www.persee.fr/doc/acths_1764-7355_2012_act_136_1_2374?q=La%20n%C3%A9gociation%20permanente}.
4 Jean-Claude Waquet, *François de Callières. L'art de négocier en France sous Louis XIV*. Paris: Rue d'Ulm 2005.
5 Bastian Herre/Lucas Rodés-Guirao/Max Roser, »War and Peace«, online verfügbar unter: {https://ourworldindata.org/war-and-peace?insight=conflict-deaths-have-declined-it-is-on-us-that-this-trend-continues#key-insights}.
6 Sultan Al Jaber, »Dr. Sultan Al Jaber emphasises need to turn COP28 agreement into tangible action in closing plenary speech« (14. Dezember 2023), online verfügbar unter: {https://www.drsultanaljaber.com/thought-leadership/weve-delivered-world-first-after-world-first-cop28-president-dr-sultan-al-jaber-celebrates-summit-success}.
7 Brad Plumer/Max Bearak, »In a first, nations at Climate Summit agree to move away from fossil fuels«, in: *The New York Times* (13. Dezember 2023), online verfügbar unter: {https://www.nytimes.com/2023/12/13/climate/cop28-climate-agreement.html?search-ResultPosition=6}; siehe auch Matthieu Goar, »COP28: un accord historique trouvé à Dubaï sur une ›transition hors des énergies fossils‹«, in: *Le Monde* (13. Dezember 2023), online verfügbar unter: {https://www.lemonde.fr/planete/article/2023/12/13/cop28-ce-que-propose-le-texte-de-compromis-de-la-presidence-emiratie_6205530_3244.html}; Xinhuanet, »(COP28) Xinhua

Headlines: UAE Consensus on global stocktake to guide future climate efforts« (15. Dezember 2023), online verfügbar unter: {https://english.news.cn/20231215/5016bc1b05f44a49bd4facc41c116213/c.html}.

8 Damien Gayle, »Earth may have breached seven of nine planetary boundaries, health check shows«, in: *The Guardian* (23. September 2024), online verfügbar unter: {https://www.theguardian.com/environment/2024/sep/23/earth-breach-planetary-boundaries-health-check-oceans}; siehe auch Joyeeta Gupta, Xuemei Bai et al., »A just world on a safe planet: A *Lancet Planetary Health*-Earth Commission report on earth-system boundaries, translations, and transformations«, in: *The Lancet Planetary Health Commission* 8/10 (Oktober 2024), online verfügbar unter: {https://www.thelancet.com/journals/lanplh/article/piis2542-5196(24)00042-1/fulltext}.

9 The Club of Rome, »Open letter on COP reform to all states that are parties to the convention Mr. Simon Stiell, Executive Secretary of the UNFCCC Secretariat and UN Secretary-General António Guterres« (15. November 2024), online verfügbar unter: {https://www.clubofrome.org/cop-reform-2024/}.

10 Ben Stockton, »UAE oil company executives working with Cop28 team, leak reveals«, in: *The Guardian* (22. September 2023), online verfügbar unter: {https://www.theguardian.com/environment/2023/sep/22/uae-oil-company-executives-working-with-cop28-team-leak-reveals}.

11 Al Gore, »We are still failing badly‹: Al Gore challenges the world to act on climate«, Rede, gehalten auf dem World Economic Forum in Davos (27. Januar 2023), online verfügbar unter: {https://www.youtube.com/watch?v=1OkQwFOMUHA}.

12 Vereinte Nationen, »Die Charta der Vereinten Nationen«, online verfügbar unter: {https://unric.org/de/charta/}.

13 J.S. Blake, N. Gilman, *Children of a Modest Star: Planetary Thinking for an Age of Crises*. Stanford: Stanford University Press 2024.

14 Entwicklungsprogramm der Vereinten Nationen, »The peoples' climate vote 2024« (20. Juni 2024), online verfügbar unter: {https://www.undp.org/publications/peoples-climate-vote-2024}.

15 Siehe dazu die Website »Global Assembly«: {https://globalassembly.org/}.

16 Global Assembly Team, »Report of the 2021 Global Assembly on the Climate and Ecological Crisis«, online verfügbar unter: {https://globalassembly.org/resources/downloads/GlobalAssembly2021-FullReport.pdf}.

17 Das Statement von Li Shimao ist online verfügbar unter: {https://www.youtube.com/watch?v=YltkuGDLWao&t=82s}.

18 Das Statement von Mohamed Salem ist online verfügbar unter: {https://www.youtube.com/watch?v=ptiVegbGHOA&t=420s}.

19 Das Statement von Madeleine Kiendrebeogo ist online verfügbar unter: {https://www.youtube.com/watch?v=_OXxIlOxoD8}.

20 Das Statement von Chom Chaiyabut ist online verfügbar unter: {https://www.youtube.com/watch?v=35WCd_0FD4U&t=719s}.
21 Global Assembly, »People's Declaration for the Sustainable Future of Planet Earth«, online verfügbar unter: {https://globalassembly.org/declaration.html}.
22 Das Statement von António Guterres ist online verfügbar unter: {https://globalassembly.org/index.html}.
23 Siehe dazu die Website »Oxford Conference 2024: Bringing Humanity's Voice into World Politics«: {https://iswe.org/oxford-conference-2024}.
24 Laurence Tubiana/Ana Toni, »The case for a Global Climate Assembly«, Project Syndicate (23. September 2024), online verfügbar unter: {https://www.project-syndicate.org/commentary/global-climate-citizens-assembly-cop30-by-laurence-tubiana-and-ana-toni-2024-09}.
25 Earth4All and the Global Commons Alliance, »Earth for all survey 2024« (Juni 2024), online verfügbar unter: {https://res.cloudinary.com/dfyeeawiq/images/v1718978697/1.-Earth-for-All-Survey-2024_1099988e96/1.-Earth-for-All-Survey-2024_1099988e96.pdf?_i=AA}.
26 Josje den Ridder/Toine Fiselier/Carolien van Ham, »Draagvlak voor het burgerforum«, Sociaal en Cultureel Planbureau und Radboud Universiteit Nijmegen 2021, online verfügbar unter: {https://www.scp.nl/publicaties/publicaties/2021/11/04/draagvlak-voor-het-burgerforum}; siehe auch »Belgen willen meer inspraak, blijkt uit nieuw onderzoek!«, online verfügbar unter: {https://www.g1000.org/nl/nieuws/belgen-willen-meer-inspraak-blijkt-uit-nieuw-onderzoek}.
27 The Associated Press, »Brazil will join OPEC+, group of oil-exporting nations, months before hosting UN climate summit« in: *CBC News* (18. Februar 2025), online verfügbar unter:{https://www.cbc.ca/news/business/brazil-opec-oil-exports-climate-1.7461964}.
28 Bürgerdialog in Ostbelgien, »Was ist der Bürgerrat?«, online verfügbar unter: {https://www.buergerdialog.be/buergerrat/was-ist-der-buergerrat}.
29 Edward Wong/Ivan Chu, »Confucian-style diplomacy is a way to resolve international disputes«, in: *China Daily* (21. März 2024), online verfügbar unter: {https://www.chinadailyhk.com/hk/article/382241}.
30 Galgotias University, »Vasudhaiva Kutumbakam: The concept«, online verfügbar unter: {https://www.galgotiasuniversity.edu.in/public/school-of-liberal-education/vasu.html}.
31 Kawamura Koichi, »No.308 consensus and democracy in Indonesia: Musyawarah-Mufakat revisited«, Institute of Developing Economies 2011, online verfügbar unter: {https://www.ide.go.jp/English/Publish/Reports/Dp/308.html}.
32 Steve Paulson, »›I am because we are‹: The African philosophy of Ubuntu«, in: *To the Best of Our Knowledge* (22. Juni 2019), online verfügbar un-

ter: {https://www.ttbook.org/interview/i-am-because-we-are-african-philosophy-ubuntu}.